DEUTSCH SPRACHTRAINER

BOOKS on DEMAND

Schirdewahn/Dahl

DEUTSCH SPRACHTRAINER

Basiswissen 1

Bibliografische Information der Deutschen Nationalbibliothek:
Die Deutsche Nationalbibliothek verzeichnet diese Publikation in der
Deutschen Nationalbibliografie; detaillierte bibliografische Daten sind
im Internet über http://dnb.dnb.de abrufbar.

Illustrationen: Dörte Schirdewahn/Frauke Dahl
Bildagentur: fotolia
Coverbild: Dörte Schirdewahn/Frauke Dahl
Danke für die Unterstützung: Lars Ebert - Advitum.de
Rolf Schirdewahn
Lea Viola Schirdewahn
Alexander Döllinger
Kontakt und Vertrie: dahl.schirdewahn@hotmail.com

Herstellung und Verlag: BoD – Books on Demand, Norderstedt
ISBN: 978-3-739225463

Ganz besonderer Dank für die
unermüdliche Hilfe von Lea

Inhaltsverzeichnis

I. FAMILIE

1.

2.

3.

4.

5.

6.

7.

8.

I. FAMILIE

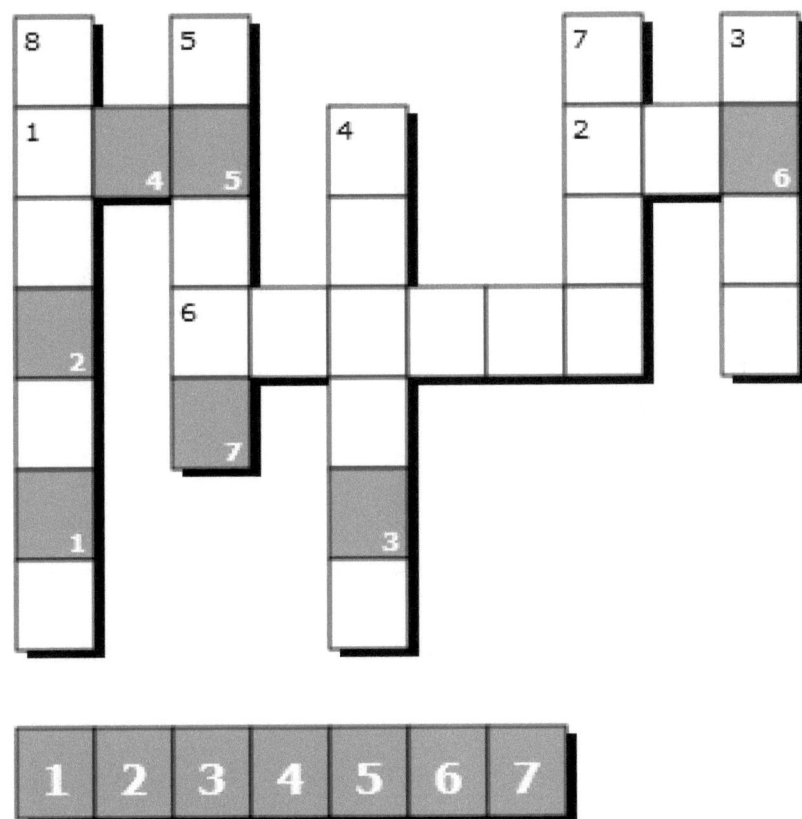

II. WICHTIGES

1.

2.

3.

4.

5.

6.

7.

8.

II. WICHTIGES

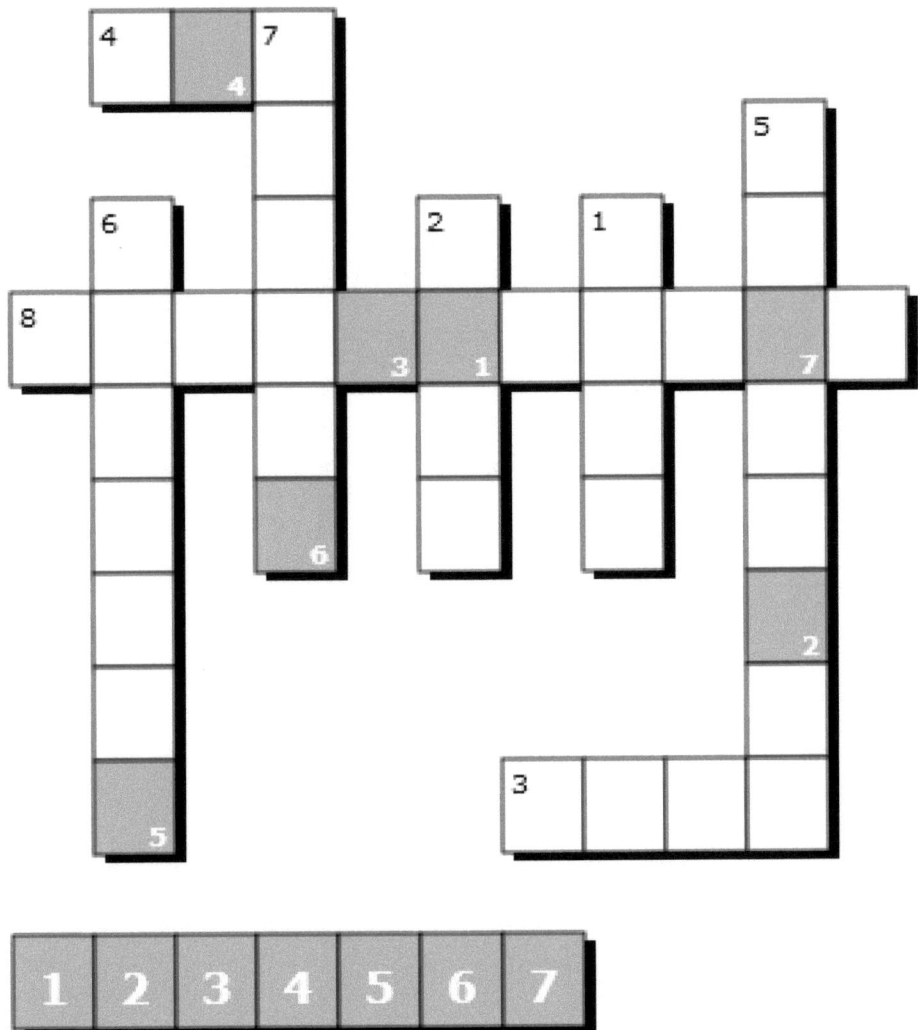

III. ZAHLEN 1

1. I

2. II

3. III

4. IV

5. V

6. VI

7. VII

8. VIII

9. IX

10. X

11 XI.

12. XII

III. ZAHLEN 1

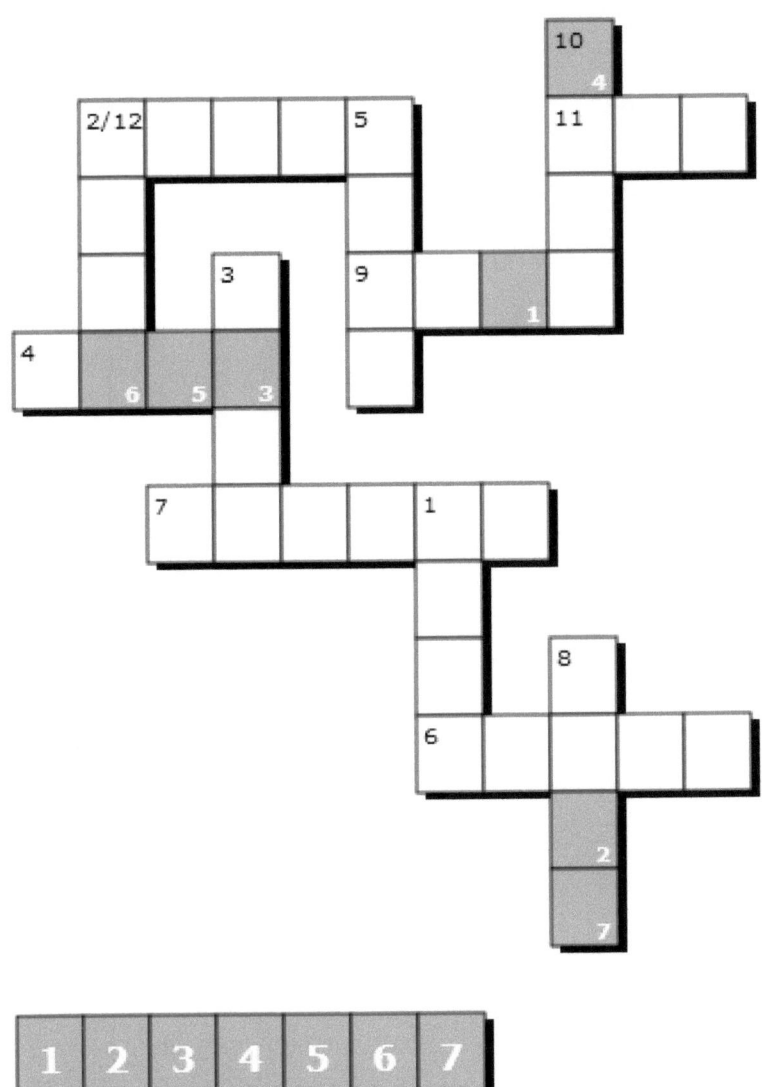

IV. LEBENSMITTEL 1

1.

2.

3.

4.

5.

6.

7.

8.

IV. LEBENSMITTEL 1

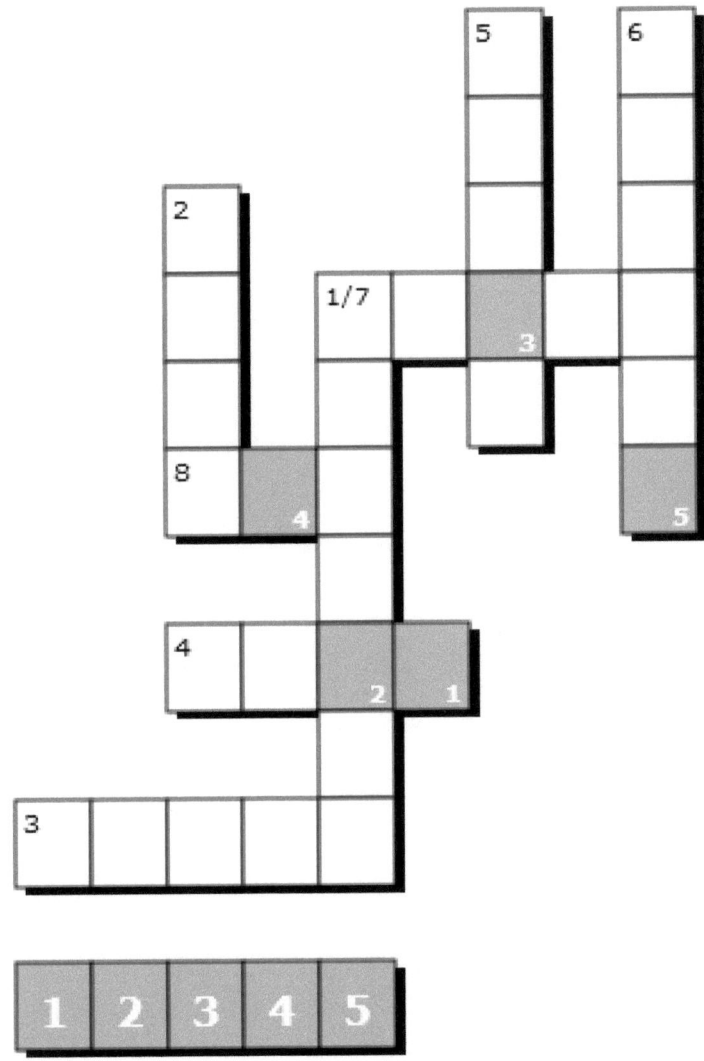

V. LEBENSMITTEL 2

1.

2.

3.

4.

5.

6.

7.

8.

V. LEBENSMITTEL 2

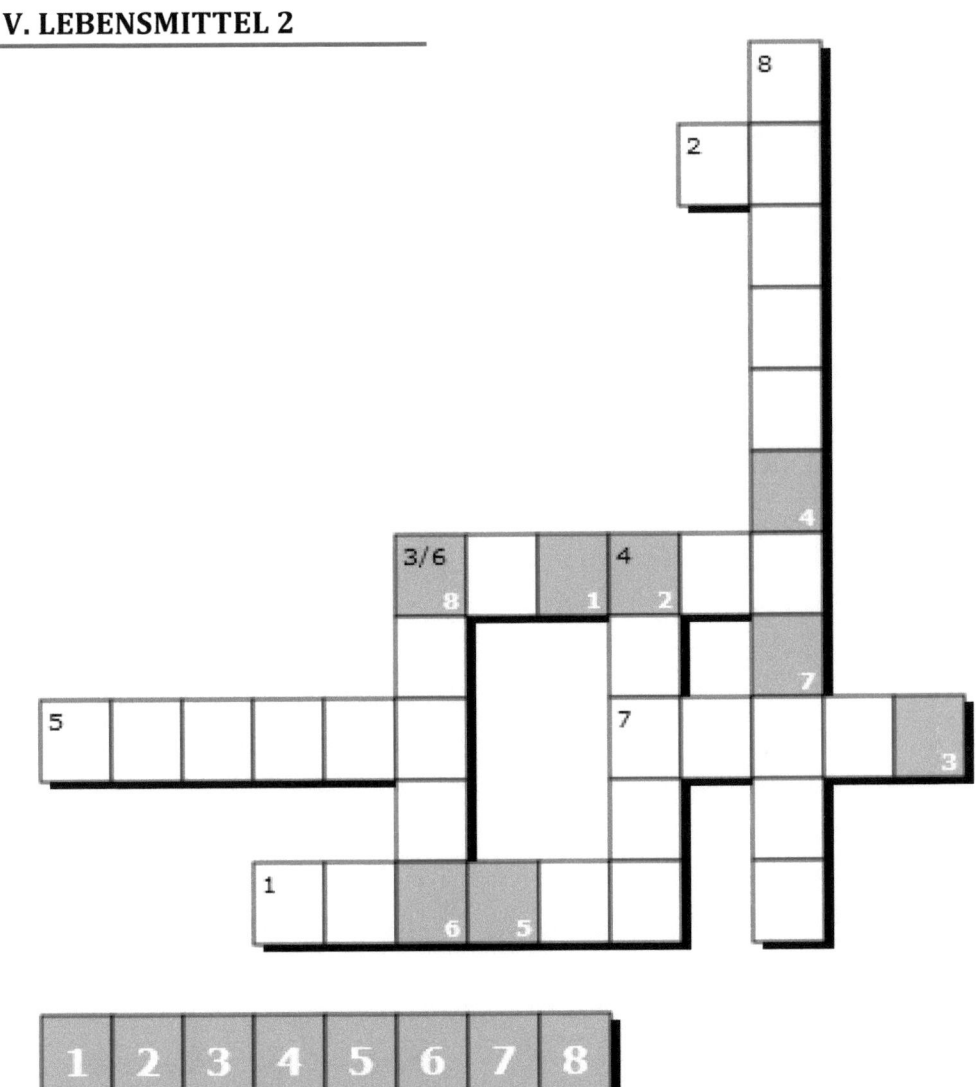

VI. ANKUNFT

1.

2.

3.

4.

5.

6.

7.

8.

VI. ANKUNFT

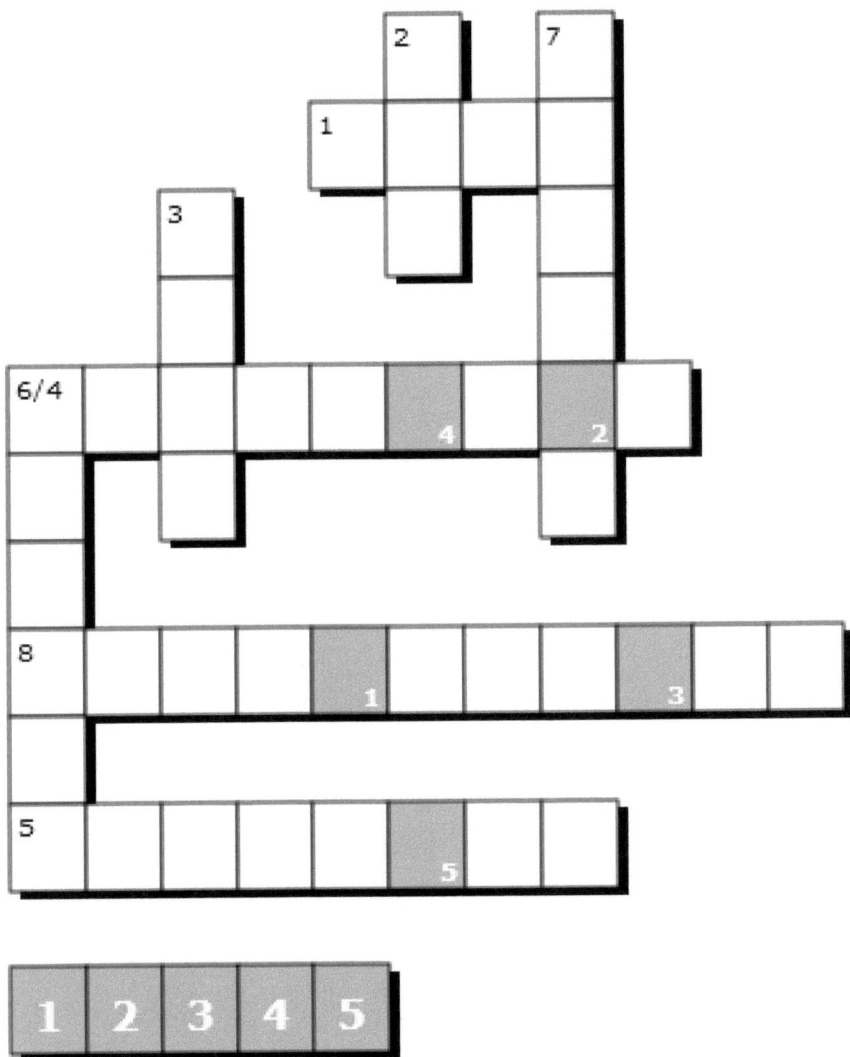

19

1. 11 = XI

2. 12 = XII

3. 13 = XIII

4. 14 = XIV

5. 17 = XVII

6. 20 = XX

7. 30 = XXX

8. 40 = XL

9. 70 = LXX

10. 100 = C

11. 21 = XXI

12. 99 = IC = XCIX

VII. ZAHLEN 2

VIII. KÖRPERPFLEGE

1.

2.

3.

4.

5.

6.

7.

VIII. KÖRPERPFLEGE

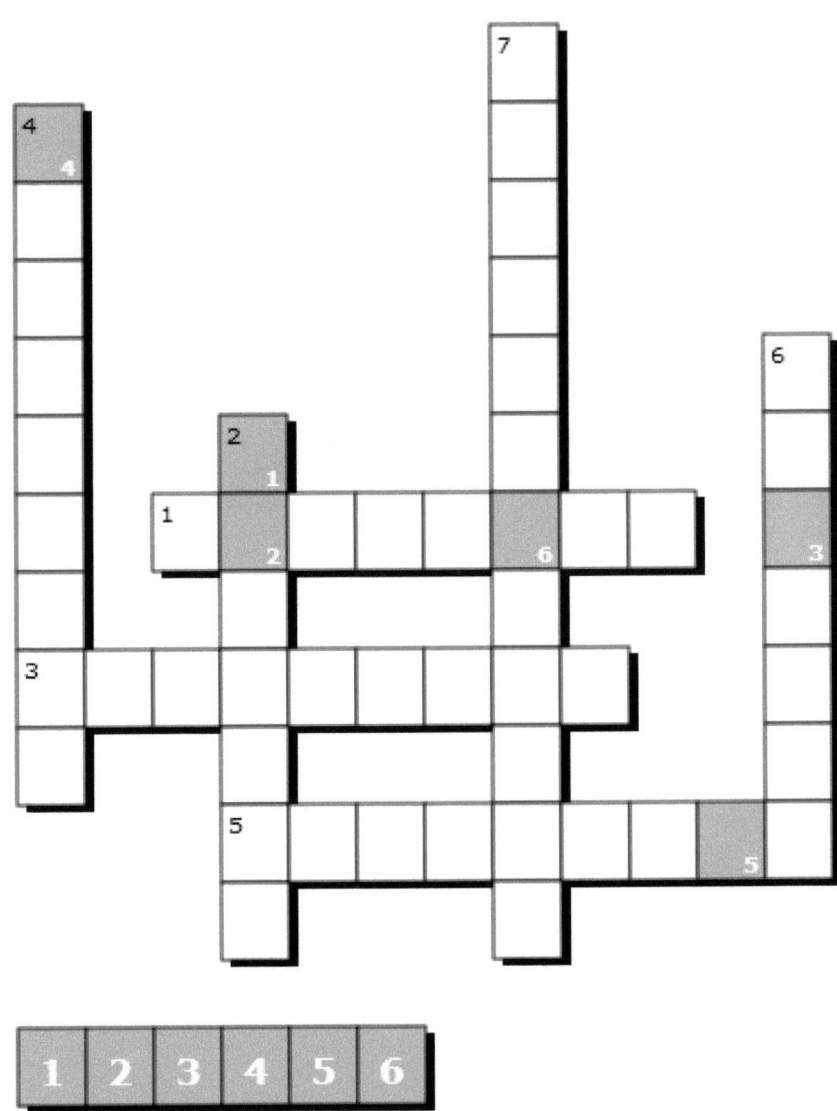

1.

5.

2.

6.

3.

7.

4.

8.

IX. WOHNEN

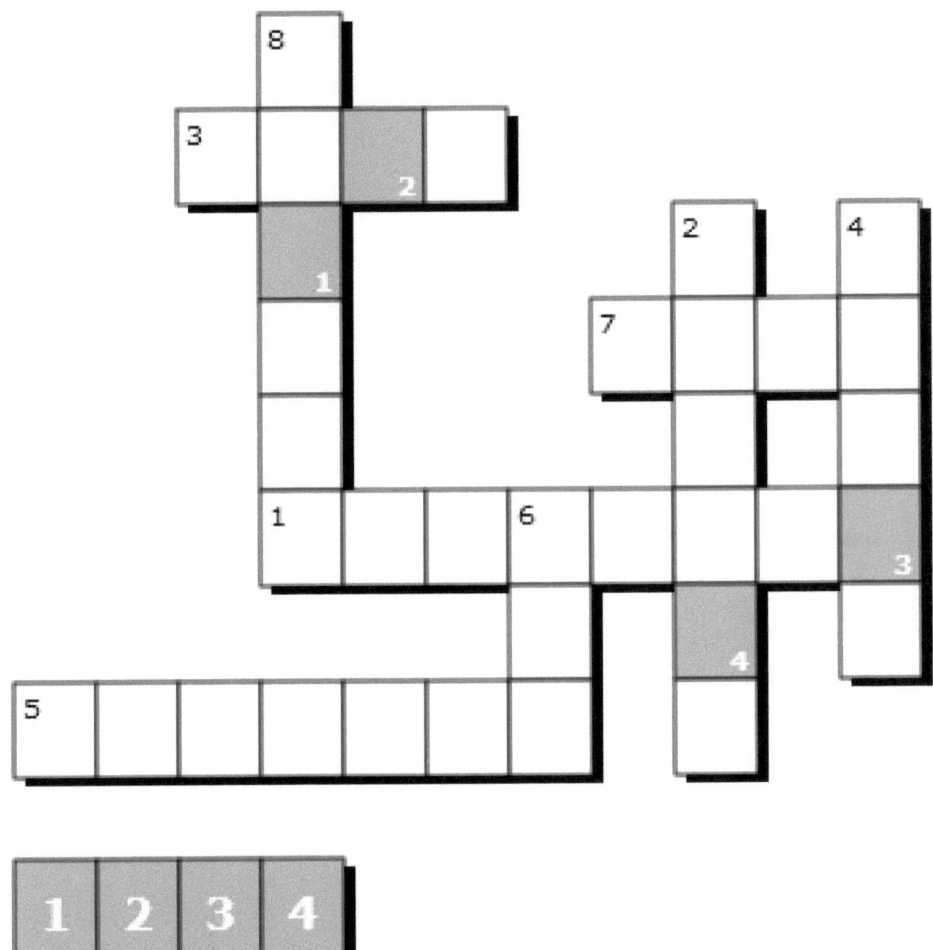

X. KÜCHE

1.

2.

3.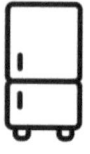

4.

5.

6.

7.

8.

X. KÜCHE

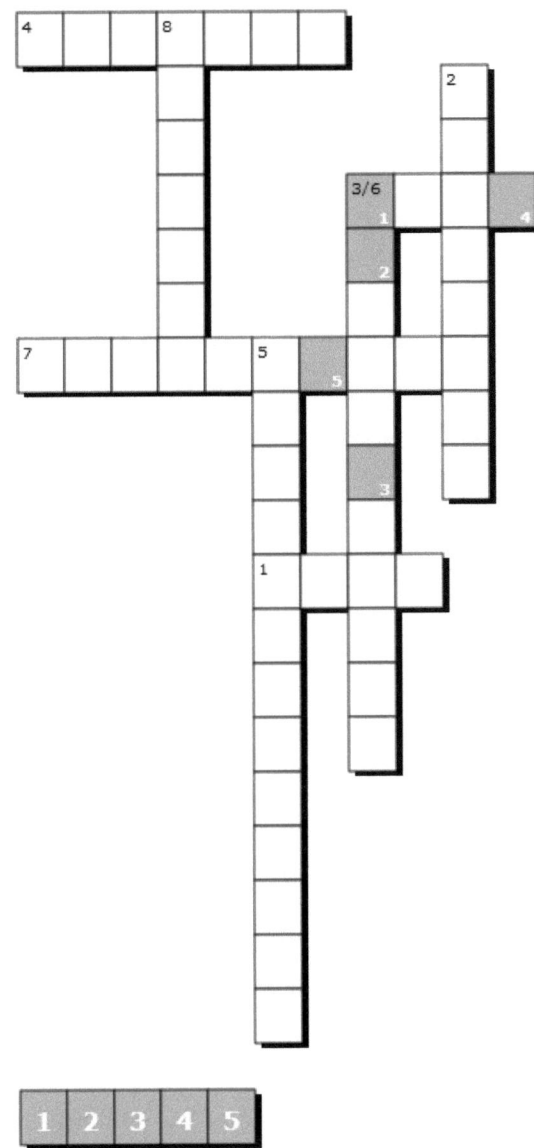

XI. GESUNDHEIT 1

1.

2.

3.

4.

5.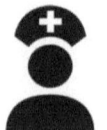

6.

7.

8.

1.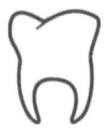

2.

3.

4.

5.

6.

7.

8.

XII. GESUNDHEIT 2

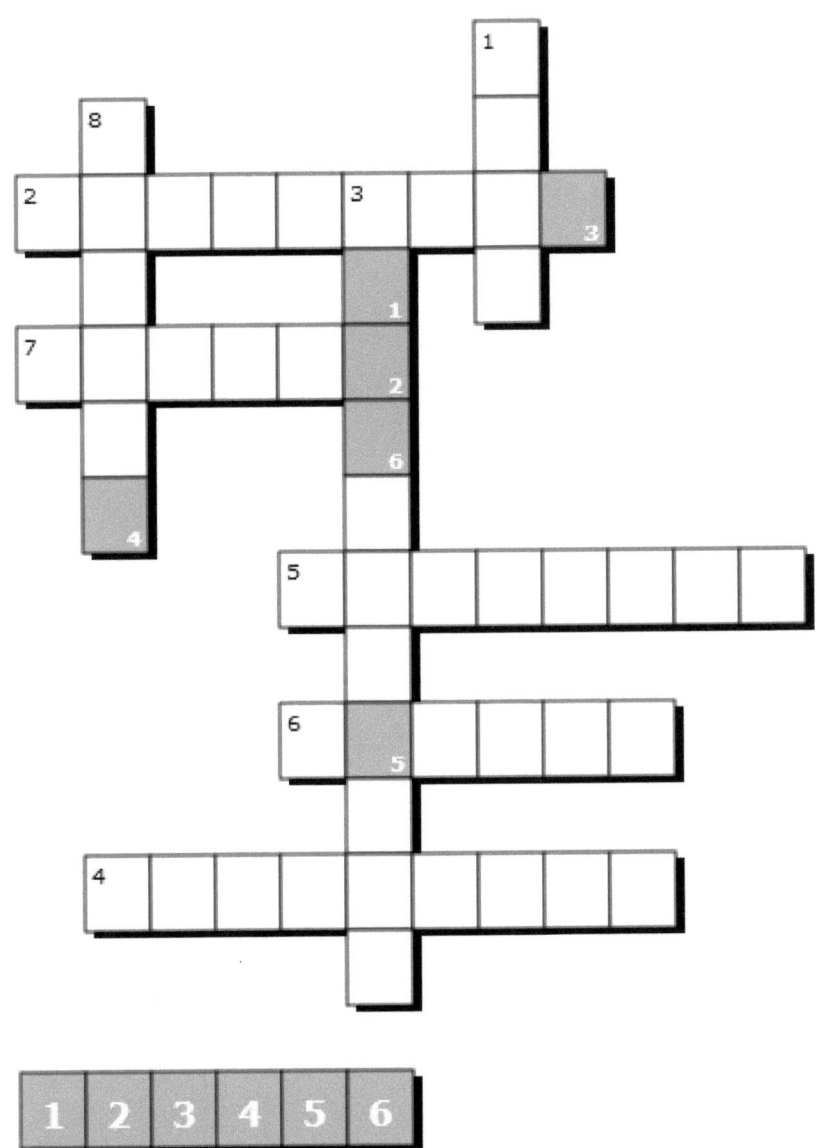

1.

2.

3.

4.

5.

6.

7.

XIII. GESUNDHEIT 3

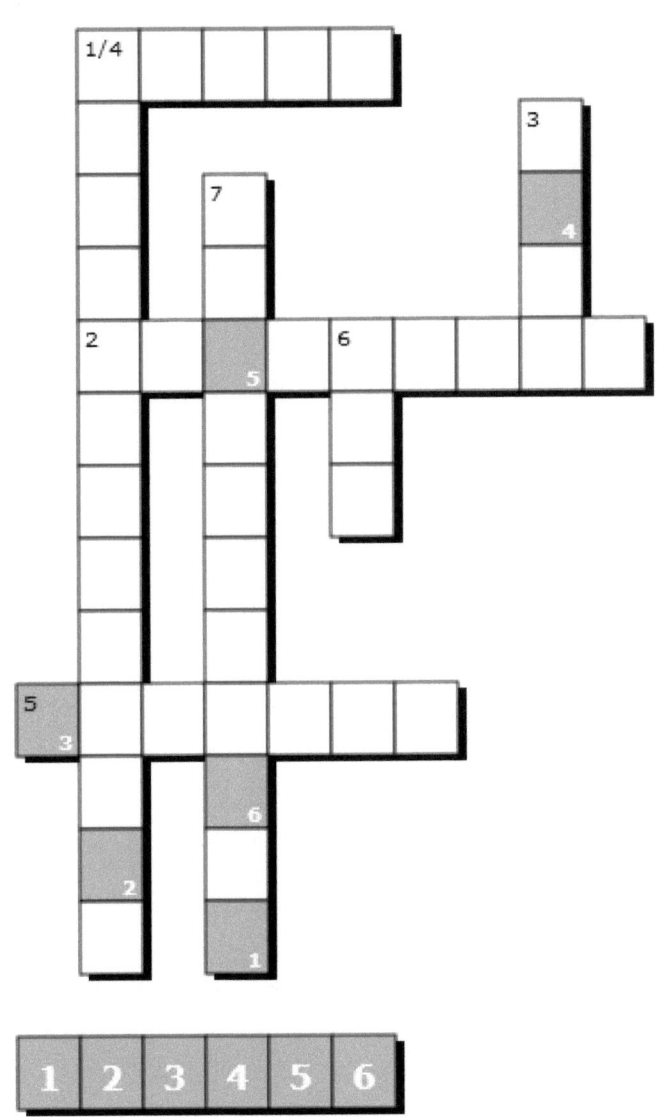

XIV. KLEIDUNG 1

1.

2.

3.

4.

5.

6.

7.

8.

XIV. KLEIDUNG 1

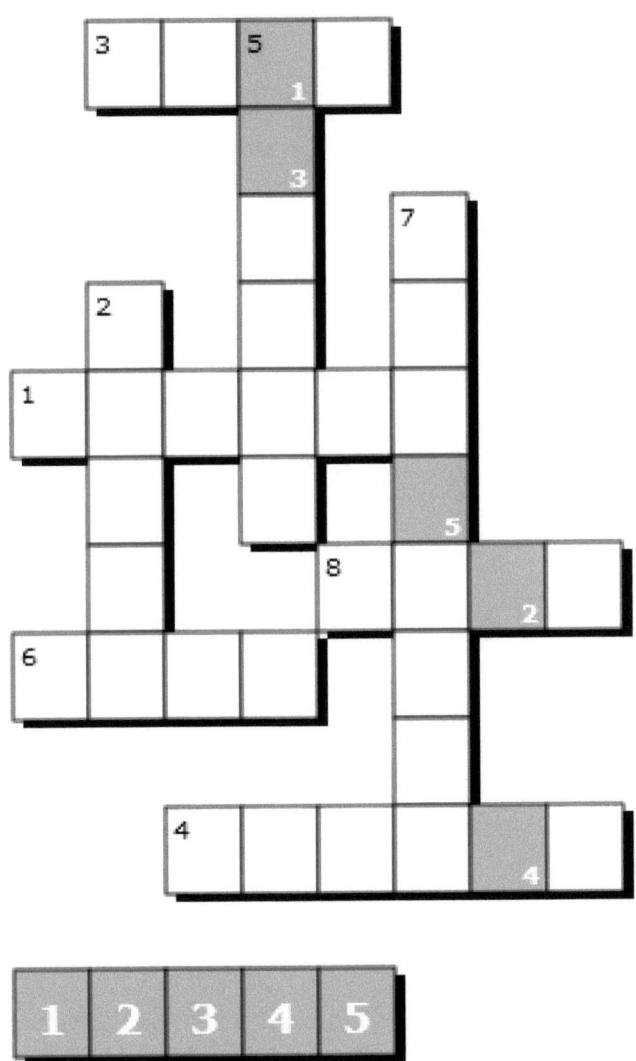

1.

5.

2.

6.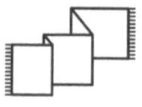

3.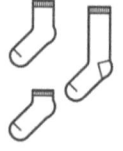

7.

4.

8.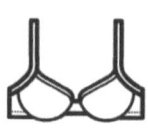

XV. KLEIDUNG 2

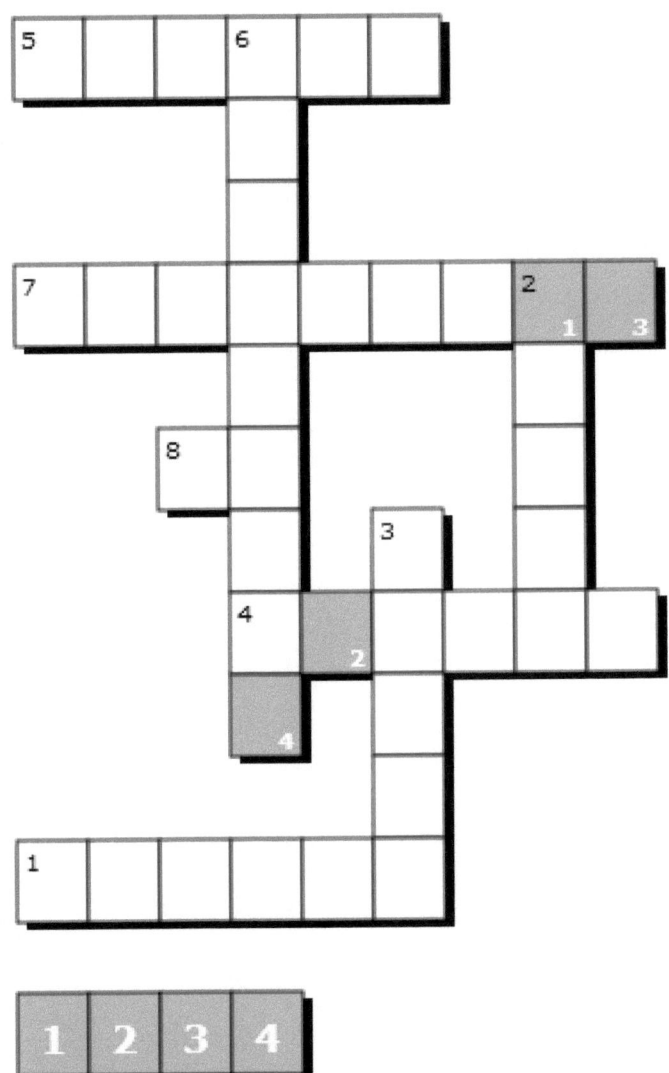

XVI. BÜRO

1.

2.

3.

4.

5.

6.

7.

8.

XVI. BÜRO

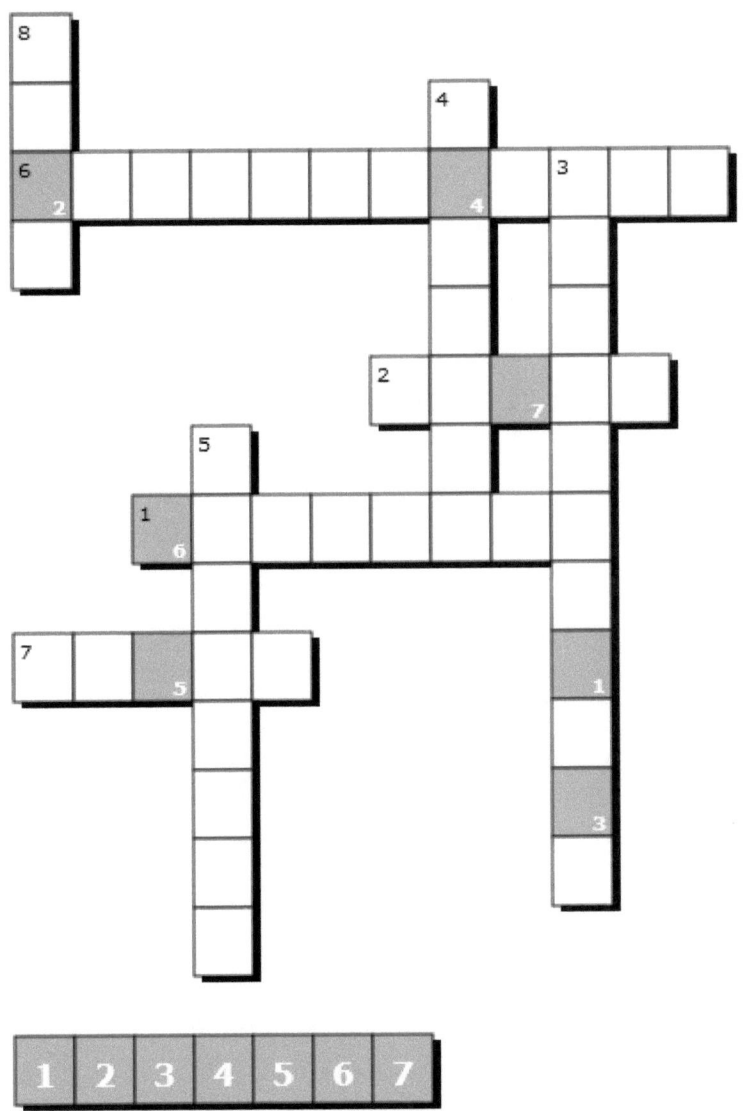

LÖSUNGEN:

I. FAMILIE (S. 8)

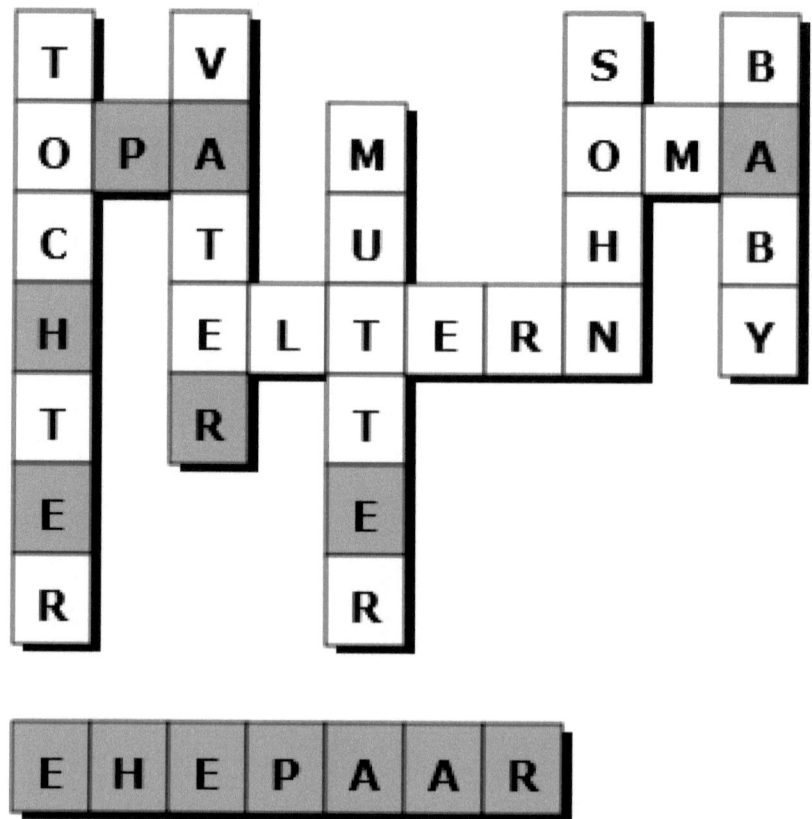

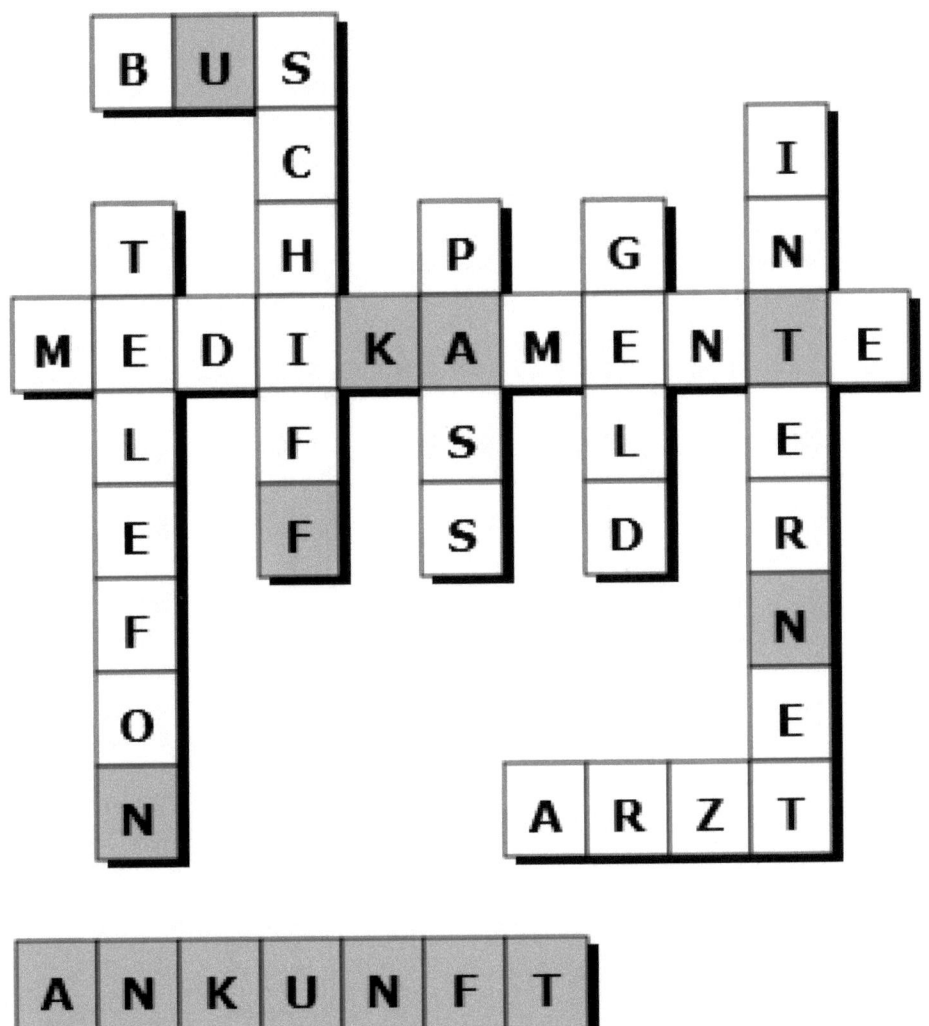

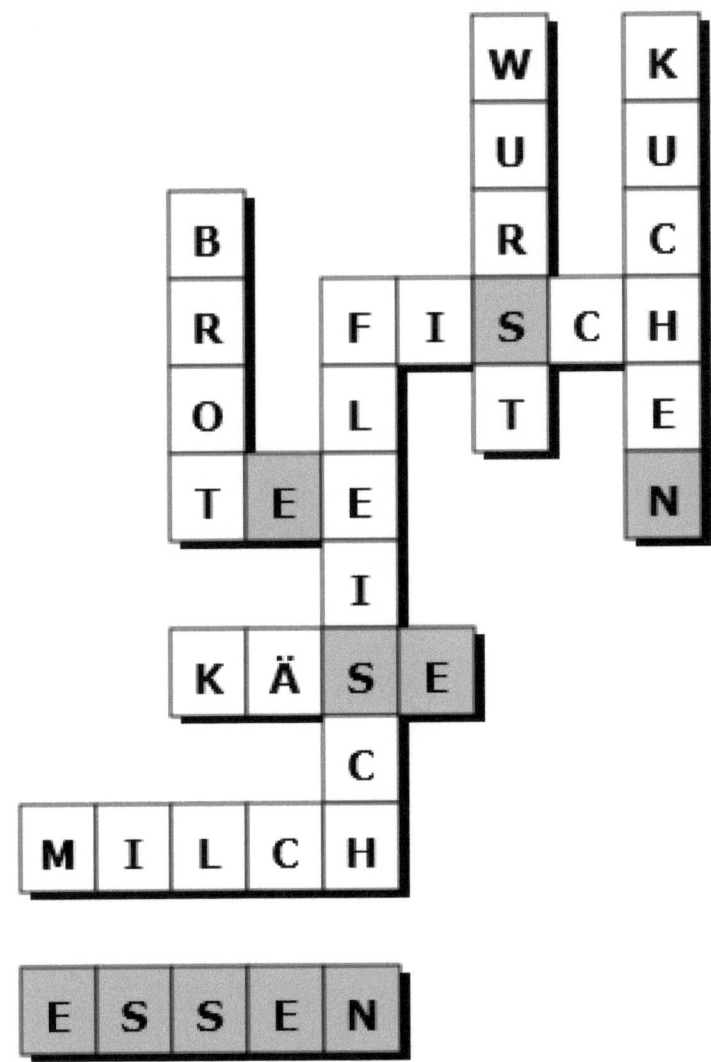

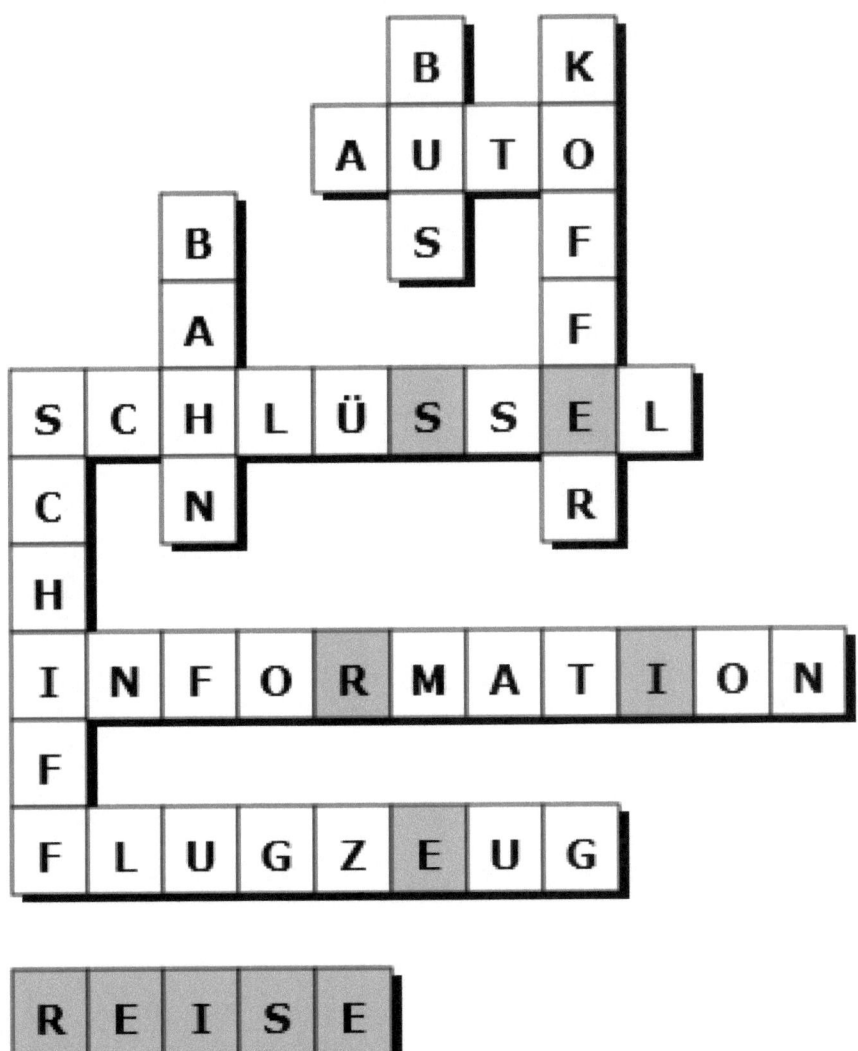

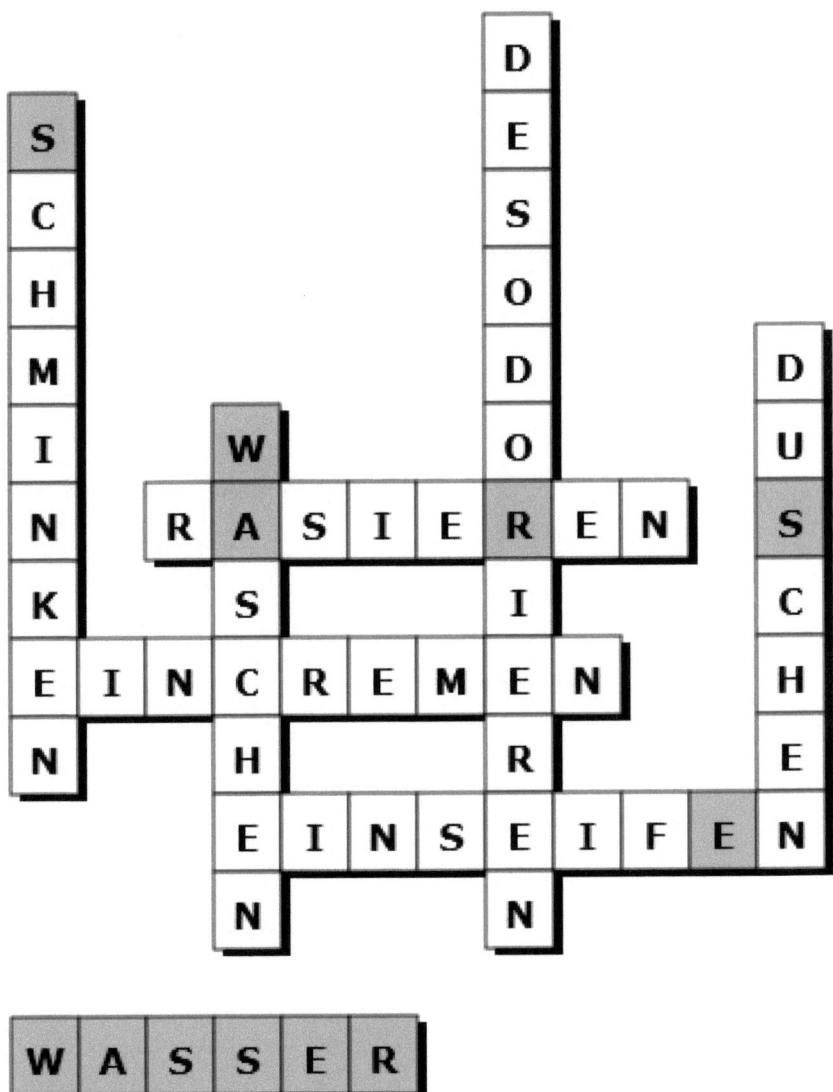

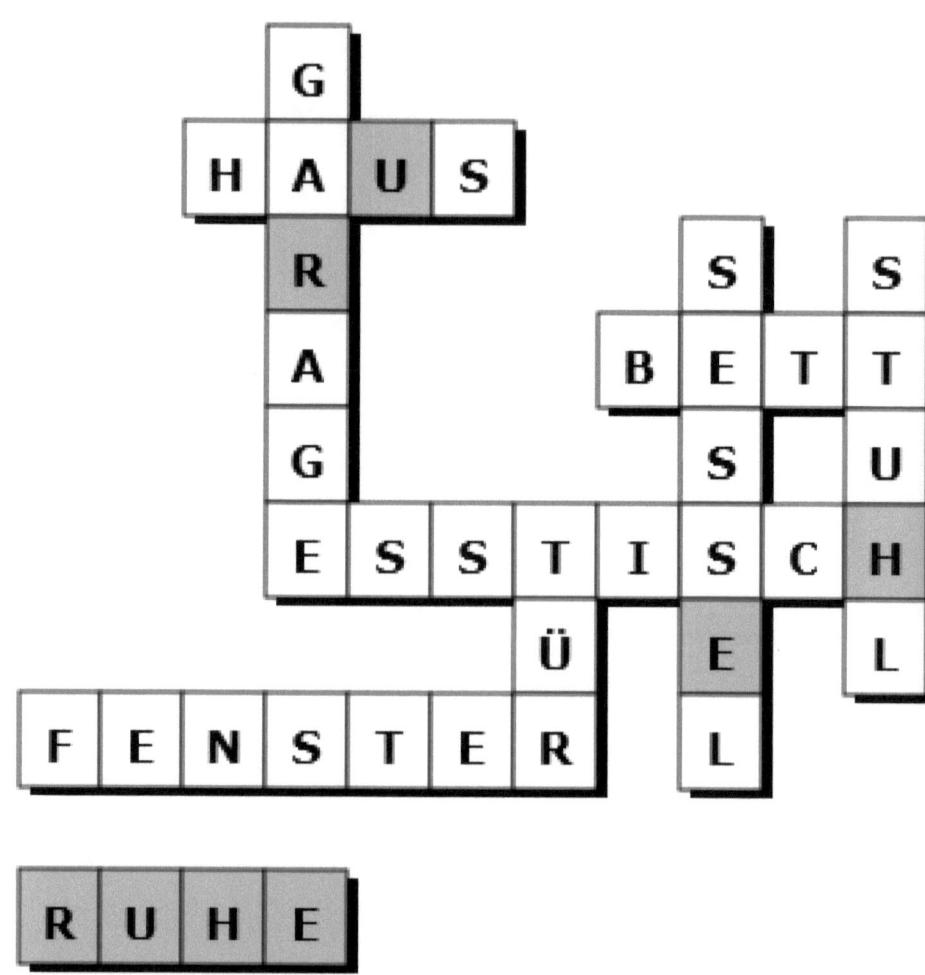

X. KÜCHE (S.26)

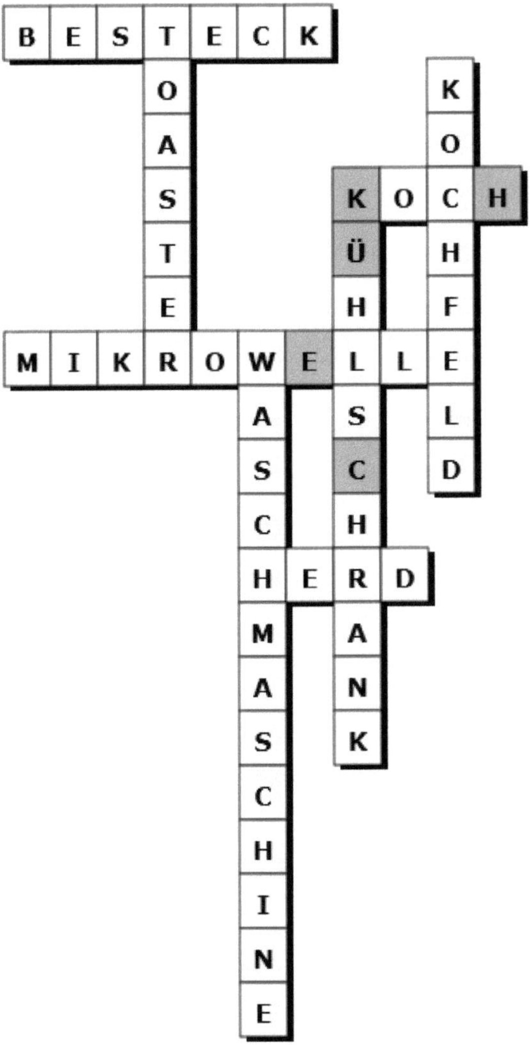
BESTECK
TOASTER
KOCHFELD
KOCH
KÜHLSCHRANK
MIKROWELLE
WASCHMASCHINE
HERD

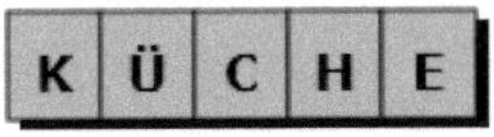
KÜCHE

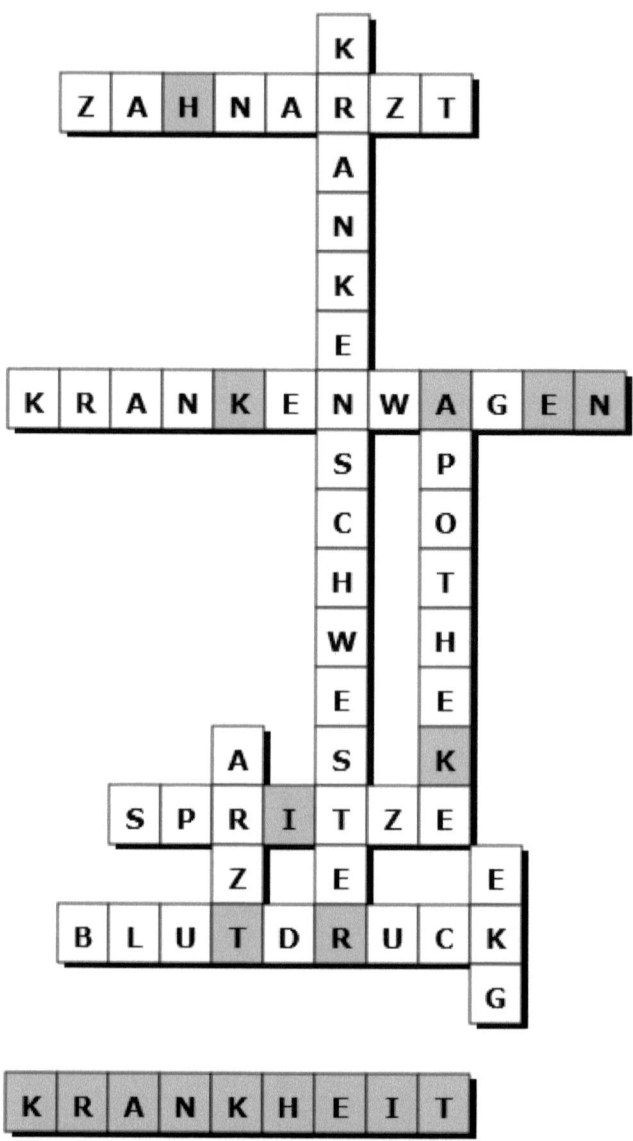

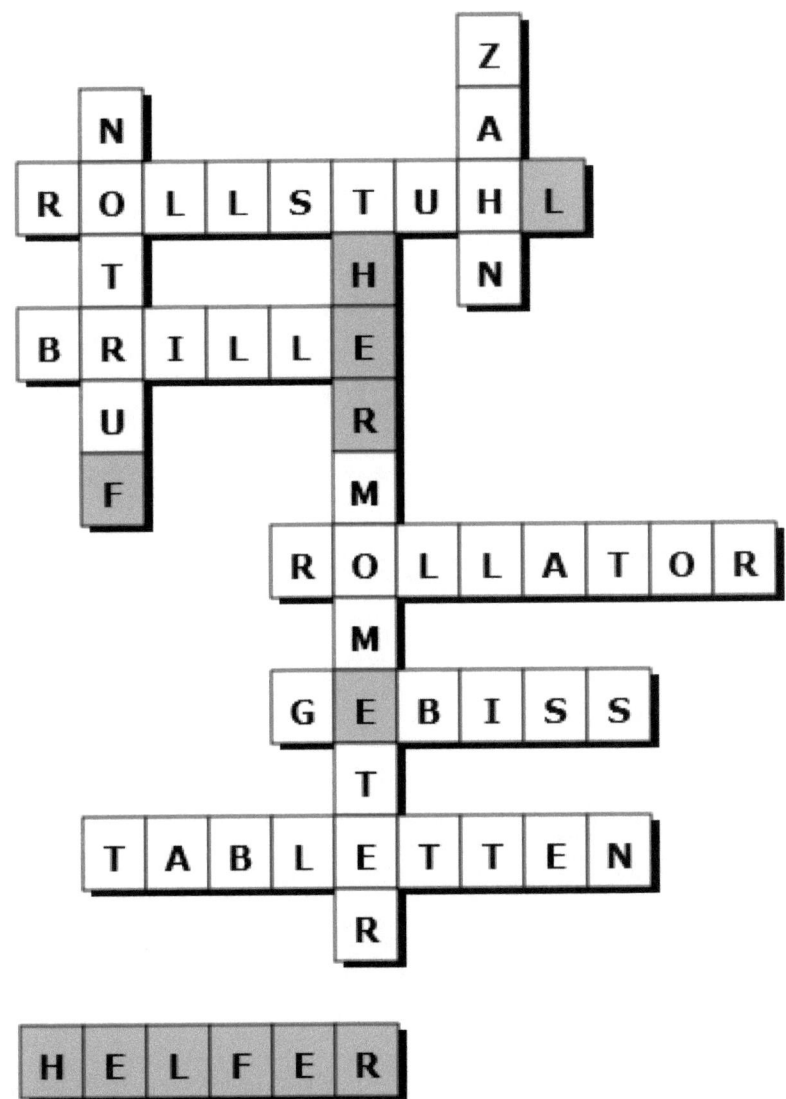

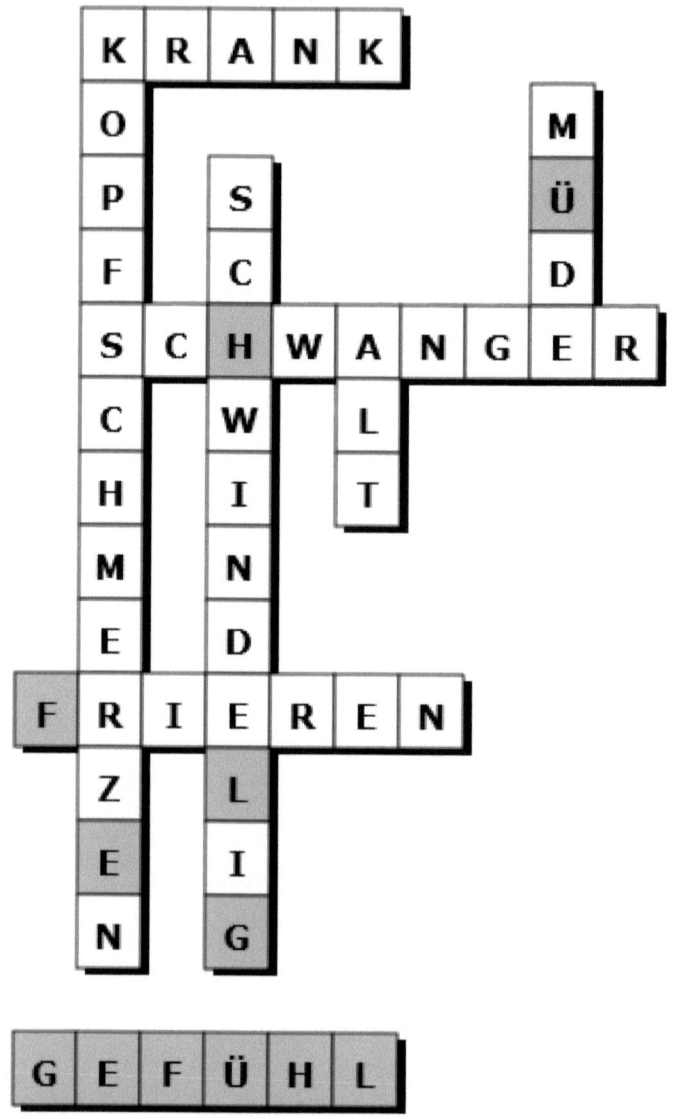

B						D			
U									
C	O	M	P	U	T	E	R	M	A	U	S
H						U	K		

COMPUTERMAUS

BUCH

DRUCKER

AKTEN

AKTENTASCHE

FAXGERÄT

KALENDER

BRIEF

SCHRIFT

INDEX

THERMOMETER
TISCH
TOASTER
TOCHTER
TOMATE
TORTE
TÜR
UNTERHEMD
VATER
VIERZEHN
VIERZIG
WASCHEN
WASCHMASCHINE
WURST
ZAHN
ZAHNARZT
ZWANZIG

NOTIZEN